Impressum
Verlag: BABADADA GmbH, Nedderfeld 112 , 22529 Hamburg
Geschäftsführer / Verlagsleitung: Harald Hof
Druck: Books on Demand GmbH, In de Tarpen 42, 22848 Norderstedt

Imprint
Publisher: BABADADA GmbH, Nedderfeld 112 , 22529 Hamburg, Germany
Managing Director / Publishing direction: Harald Hof
Print: Books on Demand GmbH, In de Tarpen 42, 22848 Norderstedt, Germany

Szkoła
skola

Sala lekcyjna
klassrum

dzielić
dividera

186/2

Tablica
tavla

Dziedziniec szkolny
skolgård

Nauczyciel
lärare

Papier
papper

pisać
skriva

Pisak
penna

Biurko
skrivbord

Liniał
linjal

Książka
bok

Uczeń
elev

Plecak szkolny

skolväska

Piórnik

pennfodral

Ołówek

blyertspenna

Temperówka

pennvässare

Gumka do mazania

suddgummi

Blok rysunkowy

ritblock

Rysunek

teckning

Pędzel

pensel

Pudełko z akwarelami

målarlåda

Nożyce

sax

Klej

lim

Książka do ćwiczenia

övningsbok

Zadanie domowe

hemläxa

Liczba

tal

2+2

dodawać

addera

odejmować

subtrahera

mnożyć

multiplicera

liczyć

räkna

Litera

bokstav

Alfabet

alfabet

Słowo

ord

Tekst

text

czytać

läsa

Kreda

krita

Godzina

lektion

Dziennik lekcyjny

register

Egzamin

prov

Świadectwo

intyg

Mundurek szkolny

skoluniform

Wykształcenie

utbildning

Leksykon

uppslagsverk

Uniwersytet

universitet

Mikroskop

mikroskop

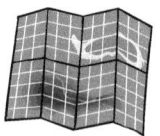

Mapa

karta

Kosz na odpadki

papperskorg

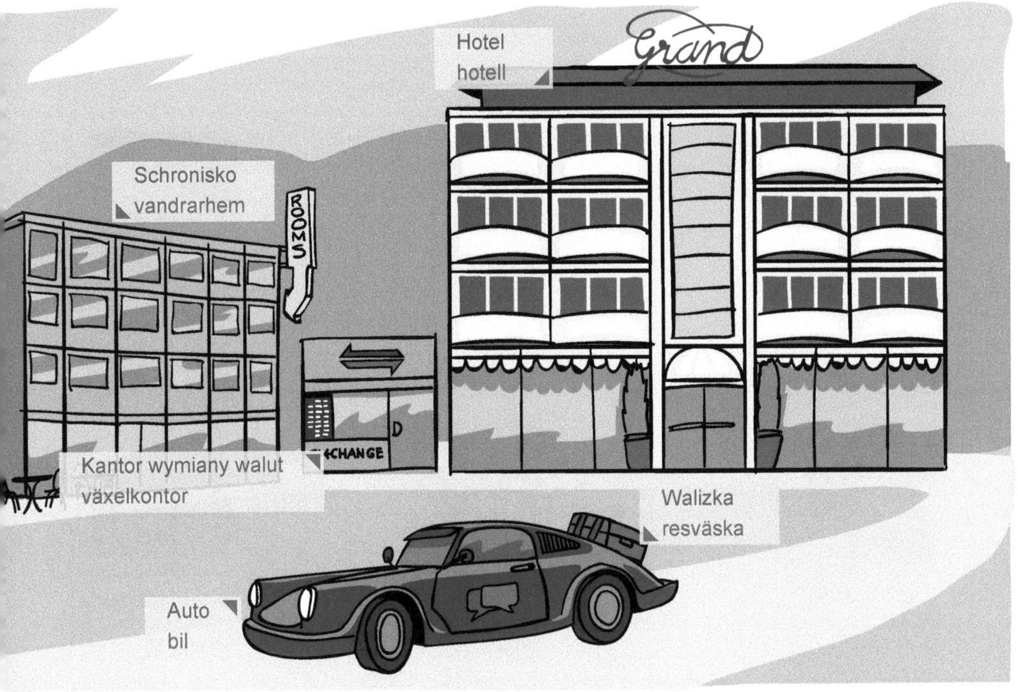
Hotel
hotell
Grand
Schronisko
vandrarhem
ROOMS
Kantor wymiany walut
växelkontor
EXCHANGE
Walizka
resväska
Auto
bil

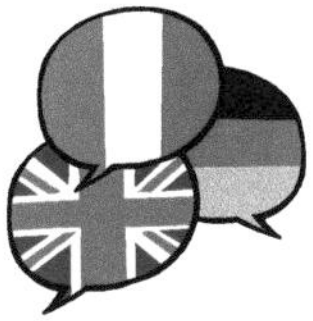

Język
språk

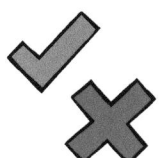

tak / nie
ja / nej

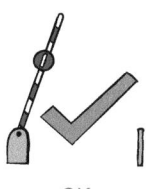

OK
Okay

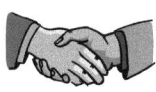

Halo
hej

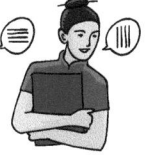

Tłumacz
översättare

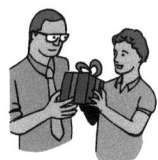

Dziękuję
Tack

Ile kosztuje ...?

hur mycket kostar...?

Nie rozumiem

jag förstår inte

Problem

problem

Dobry wieczór!

God kväll!

Dzień dobry!

God morgon!

Dobranoc!

God natt!

Do widzenia

hejdå

Kierunek

riktning

Bagaż

bagage

Torba

väska

Plecak

ryggsäck

Gość

gäst

Pokój

rum

Śpiwór

sovsäck

Namiot

tält

Informacja turystyczna

turistinformation

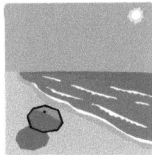

Plaża

strand

Karta kredytowa

kreditkort

Śniadanie

frukost

Obiad

lunch

Kolacja

middag

Bilet

biljett

Winda

hiss

Znaczek na list

frimärke

Granica

gräns

Cło

tull

Ambasada

ambassad

Wiza

visum

Paszport

pass

Transport
transport

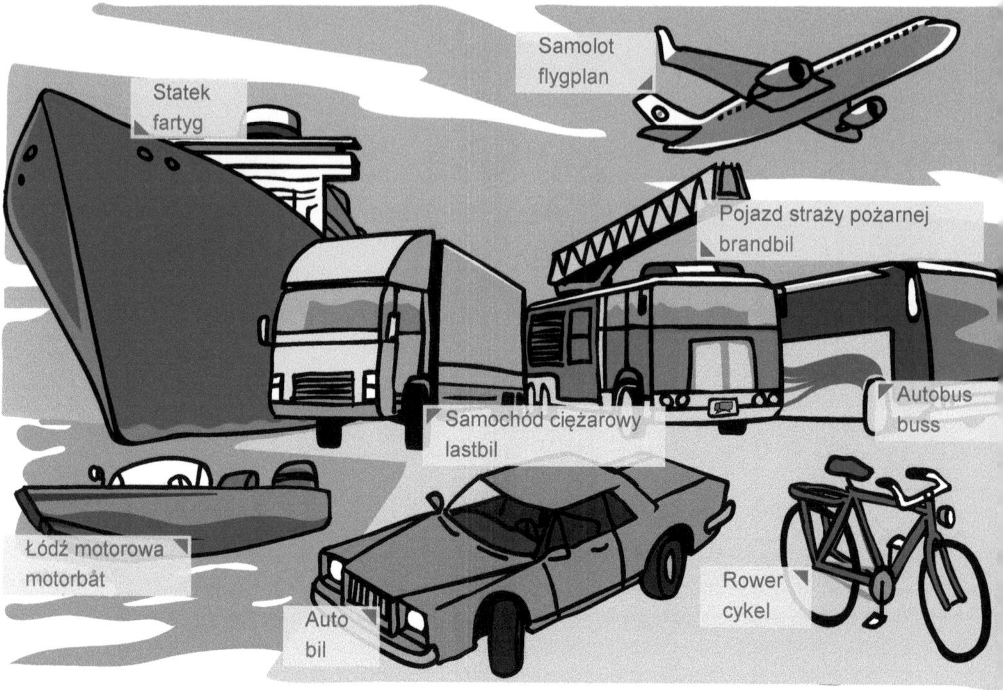
Samolot
flygplan
Statek
fartyg
Pojazd straży pożarnej
brandbil
Autobus
buss
Samochód ciężarowy
lastbil
Łódź motorowa
motorbåt
Rower
cykel
Auto
bil

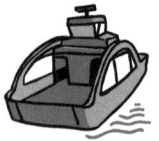

Prom

färja

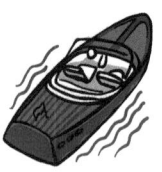

Łódź

båt

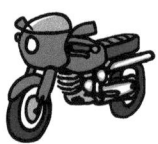

Motocykl

motorcykel

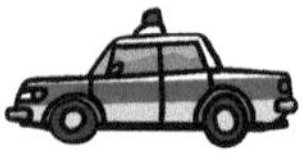

Radiowóz policyjny

polisbil

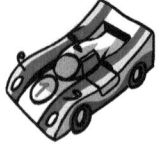

Samochód wyścigowy

racerbil

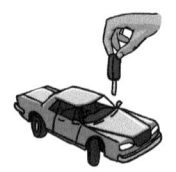

Samochód wypożyczony

hyrbil

Wspólne przejazdy
samochodem
bilpool

Samochód pomocy
drogowej
bärgningsbil

Śmieciarka

sopbil

Silnik

motor

Benzyna

bränsle

Stacja benzynowa

bensinstation

Znak drogowy

vägmärke

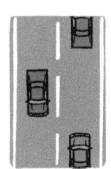

Ruch

trafik

Korek

bilkö

Parking

parkeringsplats

Dworzec

tågstation

Szyny

räls

Pociąg

tåg

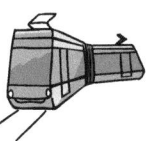

Tramwaj

spårvagn

Wagon

vagn

Helikopter

helikopter

Lotnisko

flygplats

Wieża

torn

Pasażer

passagerare

Kontener

container

Karton

kartong

Taczka

vagn

Kosz

korg

startować / lądować

starta / landa

Miasto

stad

Wieś

by

Centrum miasta

centrum

Dom

hus

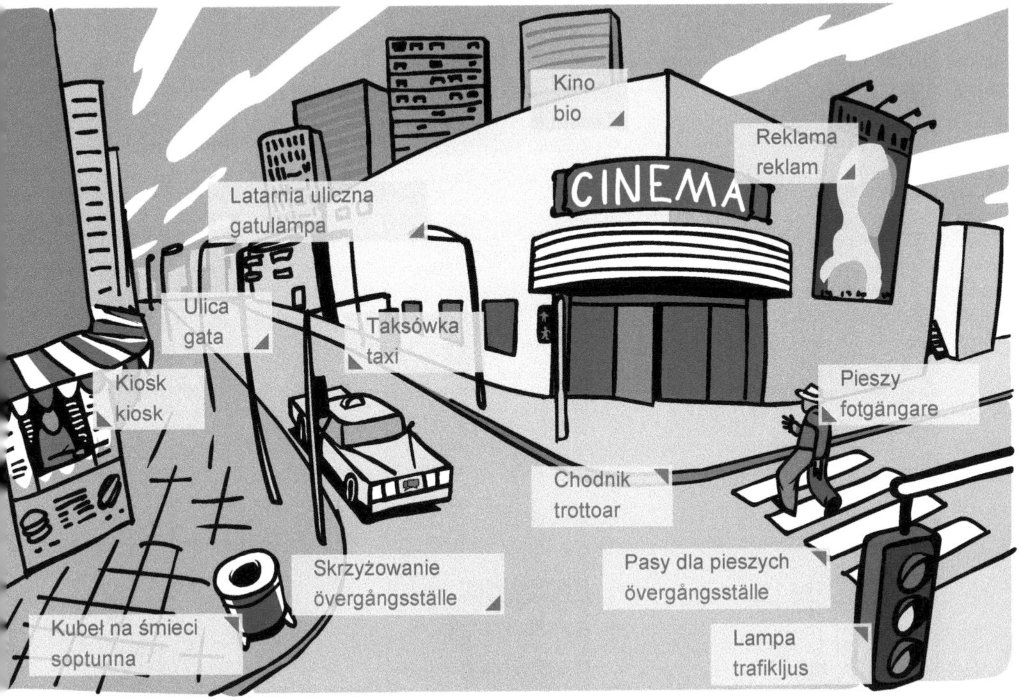

Kino
bio

Reklama
reklam

Latarnia uliczna
gatulampa

CINEMA

Ulica
gata

Taksówka
taxi

Pieszy
fotgängare

Kiosk
kiosk

Chodnik
trottoar

Skrzyżowanie
övergångsställe

Pasy dla pieszych
övergångsställe

Kubeł na śmieci
soptunna

Lampa
trafikljus

Chata
....
stuga

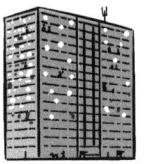

Mieszkanie
....
lägenhet

Dworzec
....
tågstation

Ratusz
....
stadshus

Muzeum
....
museum

Szkoła
....
skola

Uniwersytet

universitet

Bank

bank

Szpital

sjukhus

Hotel

hotell

Apteka

apotek

Biuro

kontor

Księgarnia

bokhandel

Sklep

affär

Kwiaciarnia

blomsterbutik

Supermarket

stormarknad

Rynek

marknad

Dom towarowy

varuhus

Sklep z rybami

fiskhandlare

Centrum handlowe

köpcentrum

Port

hamn

Park
park

Ławka
bänk

Most
brygga

Schody
trappa

Metro
tunnelbana

Tunel
tunnel

Przystanek autobusowy
busshållplats

Bar
bar

Restauracja
restaurang

Skrzynka na listy
brevlåda

Tabliczka z nazwą ulicy
gatuskylt

Parkometr
parkeringsautomat

Zoo
zoo

Łaźnia
simbassäng

Meczet
moské

Gospodarstwo chłopskie

bondgård

Zanieczyszczenie środowiska

förorening

Cmentarz

kyrkogård

Kościół

kyrka

Plac zabaw

lekplats

Świątynia

tempel

Krajobraz
landskap

Liść
löv

Drogowskaz
vägskylt

Droga
väg

Łąka
äng

Kamień
sten

Wędrowiec
liftare

Drzewo
träd

Rzeka
flod

Trawa
gräs

Kwiat
blomma

Dolina

dal

Góra

kulle

Jezioro

sjö

Las

skog

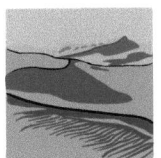

Pustynia

öken

Wulkan

vulkan

Zamek

slott

Tęcza

regnbåge

Grzyb

svamp

Palma

palm

Komar

mygga

Mucha

fluga

Mrówka

myra

Pszczoła

bi

Pająk

spindel

Chrząszcz

skalbagge

Żaba

groda

Wiewiórka

ekorre

Jeż

igelkott

Zając

hare

Sowa

uggla

Ptak

fågel

Łabędź

svan

Dzik

vildsvin

Jeleń

rådjur

Łoś

älg

Tama

damm

Wiatrak

vindkraftverk

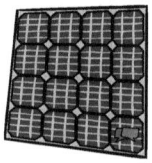

Moduł solarny

solcellspanel

Klimat

klimat

Krajobraz - landskap

Restauracja
restaurang

Kelner
servitör
Menu
meny
Krzesło
stol
Zupa
soppa
Pizza
pizza
Sztućce
bestick
Obrus
bordsduk

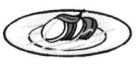

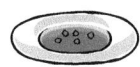

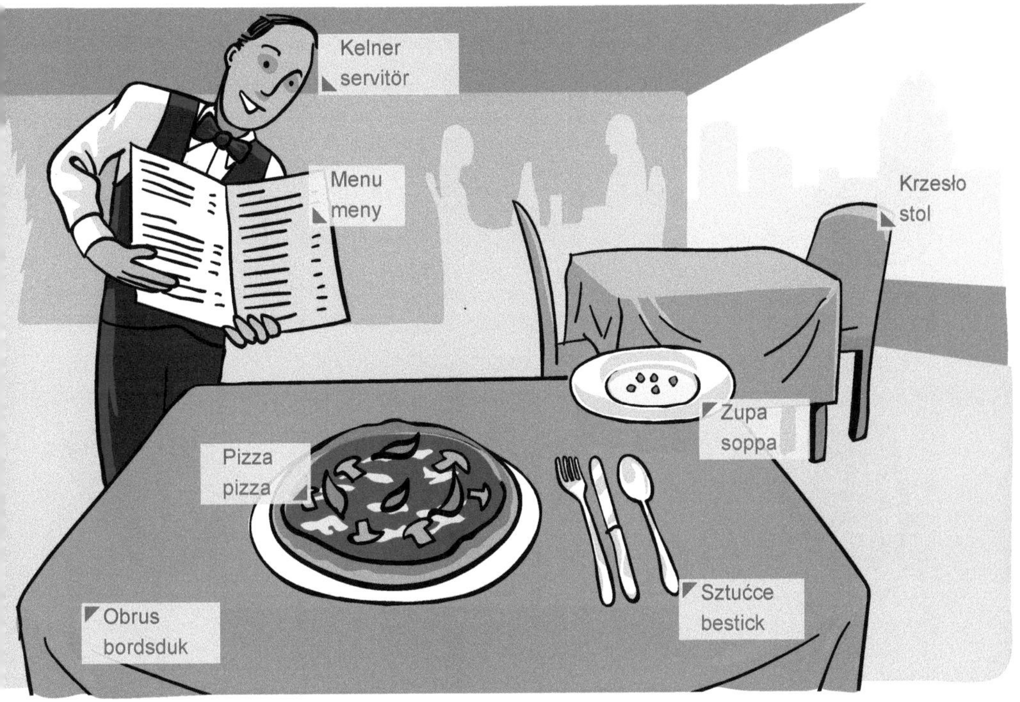

Przystawka

förrätt

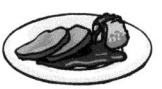

Danie główne

huvudrätt

Deser

dessert

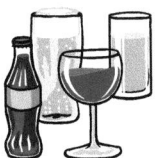

Napoje

drycker

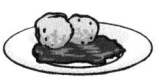

Jedzenie

mat

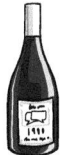

Butelka

flaska

Fastfood

snabbmat

Streetfood

street food

Dzbanek na herbatę

tekanna

Cukierniczka

sockerskål

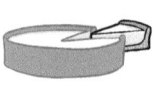

Porcja

portion

Zaparzarka do espresso

espressomaskin

Krzesło dla dziecka

barnstol

Rachunek

räkning

Taca

bricka

Noż

kniv

Widelec

gaffel

Łyżka

sked

Łyżeczka

tesked

Serwetka

servett

Szklanka

glas

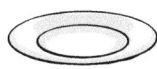

Talerz
tallrik

Talerz do zupy
sopptallrik

Podstawek pod filiżankę
tefat

Sos
sås

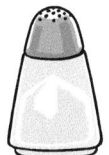

Solniczka
saltkar

Młynek do pieprzu
pepparkvarn

Ocet
vinäger

Olej
olja

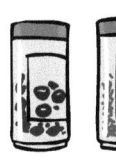

Przyprawy
kryddor

Keczup
ketchup

Musztarda
senap

Majonez
majonnäs

Supermarket
stormarknad

Oferta
specialerbjudande
FOR
Klient
kund
Produkty mleczne
mejeriprodukter
Owoce
frukt
Wózek sklepowy
varukorg

BUTCHERS

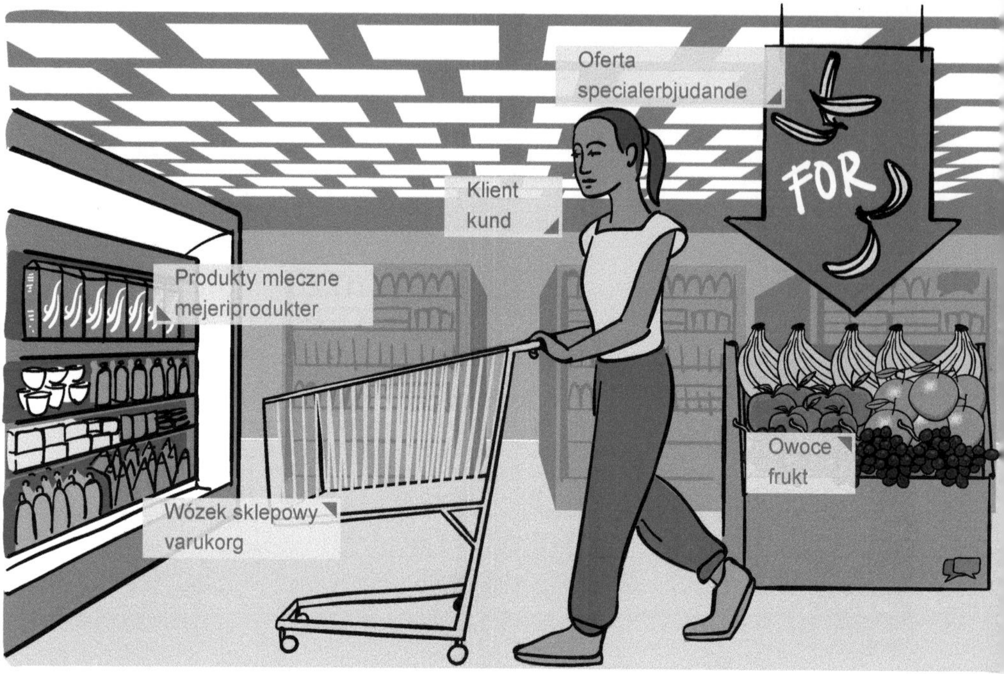

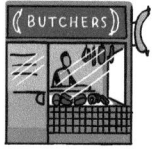

Rzeźnia

charkuteri

BAKERY

Piekarnia

bageri

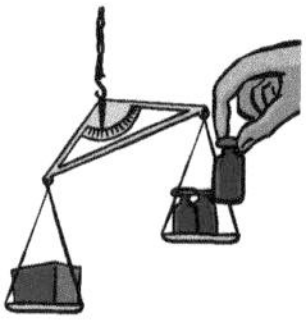

ważyć

väga

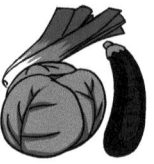

Warzywa

grönsaker

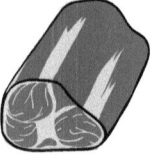

Mięso

kött

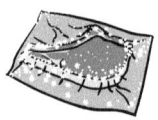

Mrożonki

frysta livsmedel

Wędliny

pålägg

Konserwy

konserver

Proszek m do prania

tvättmedel

Słodycze

godis

Artykuły użytku domowego

hushållsprodukter

Środek czyszczący

rengöringsmedel

Sprzedawczyni

försäljare

Kasa

kassa

Kasjer

kassör

Lista zakupów

inköpslista

Godziny otwarcia

öppettider

Portfel

plånbok

Karta kredytowa

kreditkort

Torba

väska

Torebka plastikowa

plastpåse

Napoje
drycker

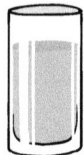

Woda

vatten

Sok

juice

Mleko

mjölk

Cola

cola

Wino

vin

Piwo

öl

Alkohol

alkohol

Kakao

kakao

Herbata

te

Kawa

kaffe

Espresso

espresso

Cappuccino

cappuccino

Banan

banan

Jabłko

äpple

Pomarańcza

apelsin

Arbuz

melon

Cytryna

citron

Marchew

morot

Czosnek

vitlök

Bambus

bambu

Cebula

lök

Grzyb

svamp

Orzechy

nötter

Makaron

nudlar

Spaghetti

spaghetti

Ryż

ris

Sałatka

sallad

Frytki

pommes frites

Ziemniaki pieczone

stekt potatis

Pizza

pizza

Hamburger

hamburgare

Kanapka

smörgås

Sznycel

schnitzel

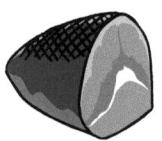

Szynka

skinka

Salami

salami

Kiełbasa

korv

Kura

kyckling

Pieczeń

stek

Ryba

fisk

Jedzenie - mat

Płatki owsiane

havregryn

Musli

müsli

Płatki kukurydziane

cornflakes

Mąka

mjöl

Croissant

croissant

Bułka

fralla

Chleb

bröd

Toast

rostat bröd

Ciastka

kex

Masło

smör

Twarożek

kvarg

Ciasto

kaka

Jajko

ägg

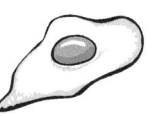

Jajko sadzone

stekt ägg

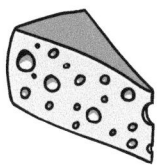

Ser

ost

Lody

glass

Cukier

socker

Miód

honung

Marmolada

sylt

Krem nugatowy

nougatkräm

Curry

curry

Jedzenie - mat

Gospodarstwo chłopskie
bondgård

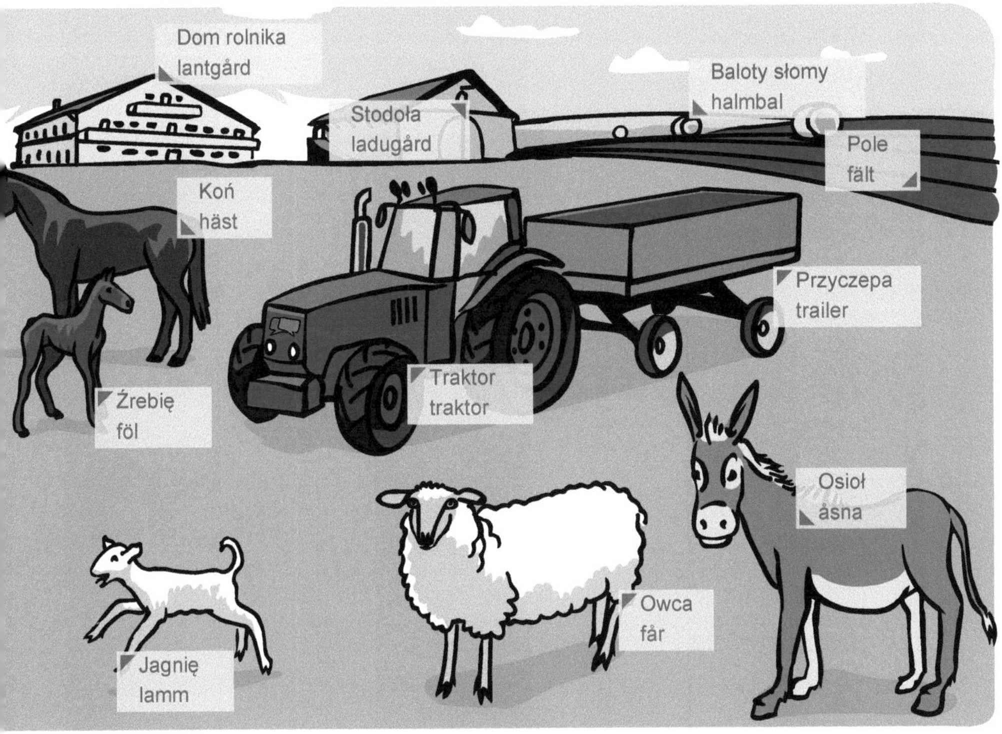
Dom rolnika
lantgård
Stodoła
ladugård
Baloty słomy
halmbal
Pole
fält
Koń
häst
Przyczepa
trailer
Traktor
traktor
Źrebię
föl
Osioł
åsna
Owca
får
Jagnię
lamm

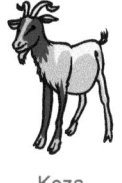

Koza

get

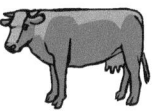

Krowa

ko

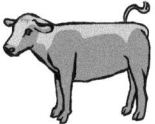

Cielę

kalv

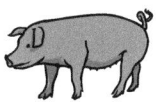

Świnia

gris

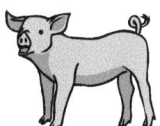

Prosię

griskulting

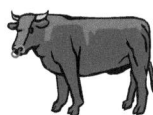

Byk

tjur

Gęś

gås

Kaczka

anka

Kurczątko

kyckling

Kura

höna

Kogut

tupp

Szczur

råtta

Kot

katt

Mysz

mus

Osioł

oxe

Pies

hund

Buda dla psa

hundkoja

Wąż ogrodowy

trädgårdsslang

Konewka

vattenkanna

Kosa

lie

Pług

plog

Sierp
....
skära

Graca
....
hacka

Widły
....
högaffel

Siekiera
....
yxa

Taczka
....
skottkärra

Koryto
....
tråg

Kanka na mleko
....
mjölkflaska

Worek
....
säck

Płot
....
staket

Stajnia
....
stall

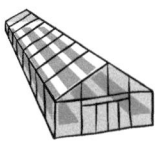

Szklarnia
....
växthus

Ziemia
....
jord

Nasiona
....
säd

Nawóz
....
gödsel

Kombajn zbożowy
....
skördetröska

zbierać
....
skörda

Żniwa
....
skörd

Podchrzyn
....
jams

Pszenica
....
vete

Soja
....
soja

Ziemniak
....
potatis

Kukurydza
....
majs

Rzepak
....
raps

Drzewo owocowe
....
fruktträd

Maniok
....
maniok

Zboże
....
spannmål

Komin
skorsten

Dach
tak

Rynna deszczowa
stuprör

Okno
fönster

Garaż
garage

Dzwonek
dörrklocka

Drzwi
dörr

Wiaderko na śmieci
soptunna

Skrzynka na listy
brevlåda

Ogród
trädgård

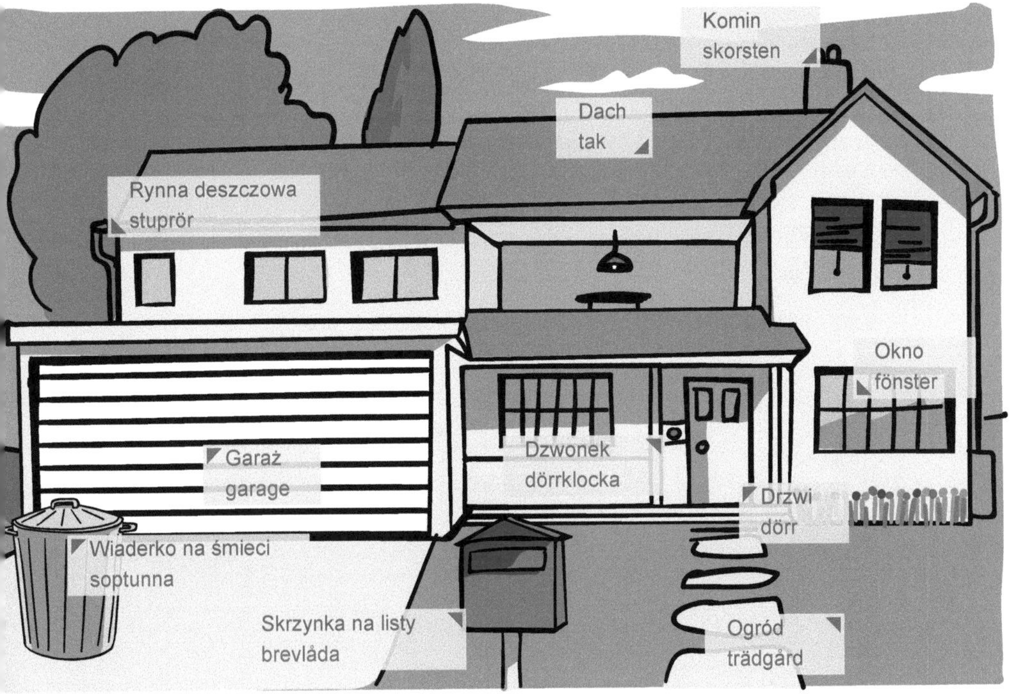

Pokój dzienny
vardagsrum

Łazienka
badrum

Kuchnia
kök

Sypialnia
sovrum

Pokój dziecięcy
barnrum

Jadalnia
matsal

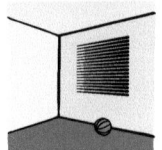

Ziemia
golv

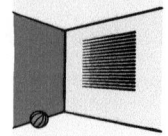

Ściana
vägg

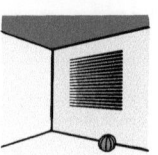

Koc
tak

Piwnica
källare

Sauna
bastu

Balkon
balkong

Taras
terrass

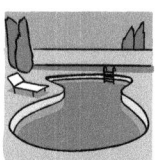

Basen
bassäng

Kosiarka do trawy
gräsklippare

Poszwa
lakan

Kołdra
överkast

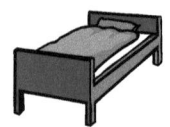

Łóżko
säng

Miotła
kvast

Wiadro
hink

Włącznik
strömbrytare

Pokój dzienny
vardagsrum

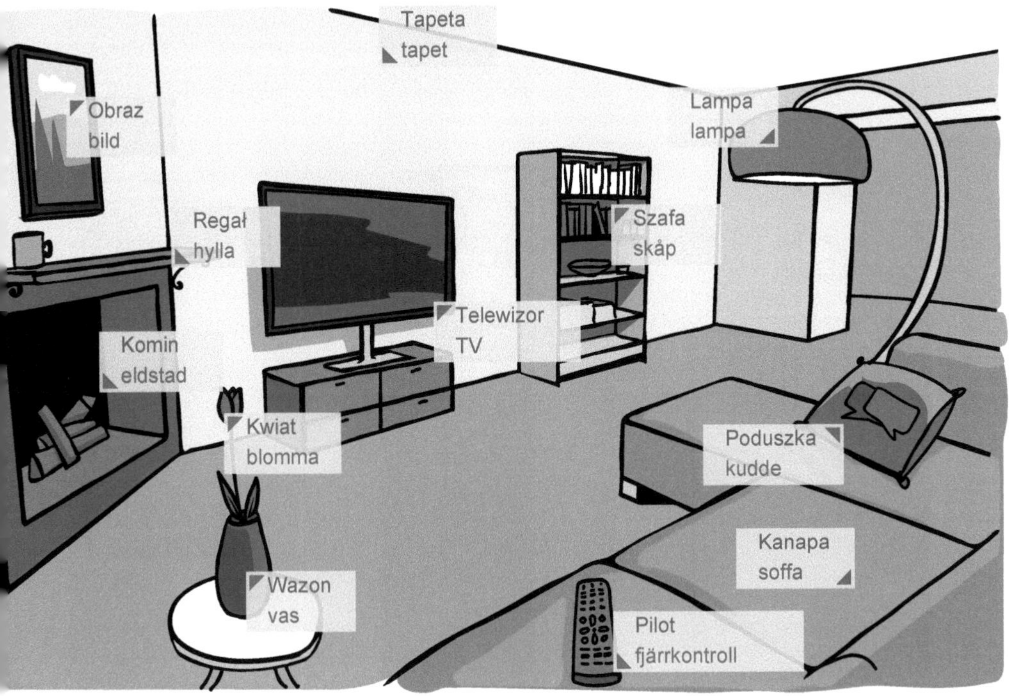
Tapeta
tapet
Obraz
bild
Lampa
lampa
Regał
hylla
Szafa
skåp
Telewizor
TV
Komin
eldstad
Kwiat
blomma
Poduszka
kudde
Kanapa
soffa
Wazon
vas
Pilot
fjärrkontroll

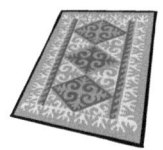

Dywan

matta

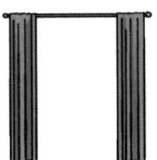

Zasłona

gardin

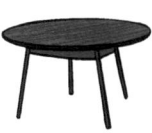

Stół

bord

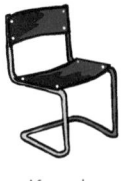

Krzesło

stol

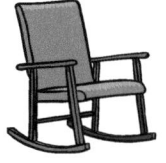

Bujak

gungstol

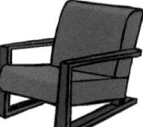

Fotel

fåtölj

Książka

bok

Sufit

filt

Dekoracja

dekoration

Drewno kominkowe

vedträ

Film

film

Instalacja stereo

stereoanläggning

Klucz

nyckel

Gazeta

dagstidning

Malunek

målning

Plakat

poster

Radio

radio

Notatnik

anteckningsbok

Odkurzacz

dammsugare

Kaktus

kaktus

Świeczka

stearinljus

Kuchnia
kök

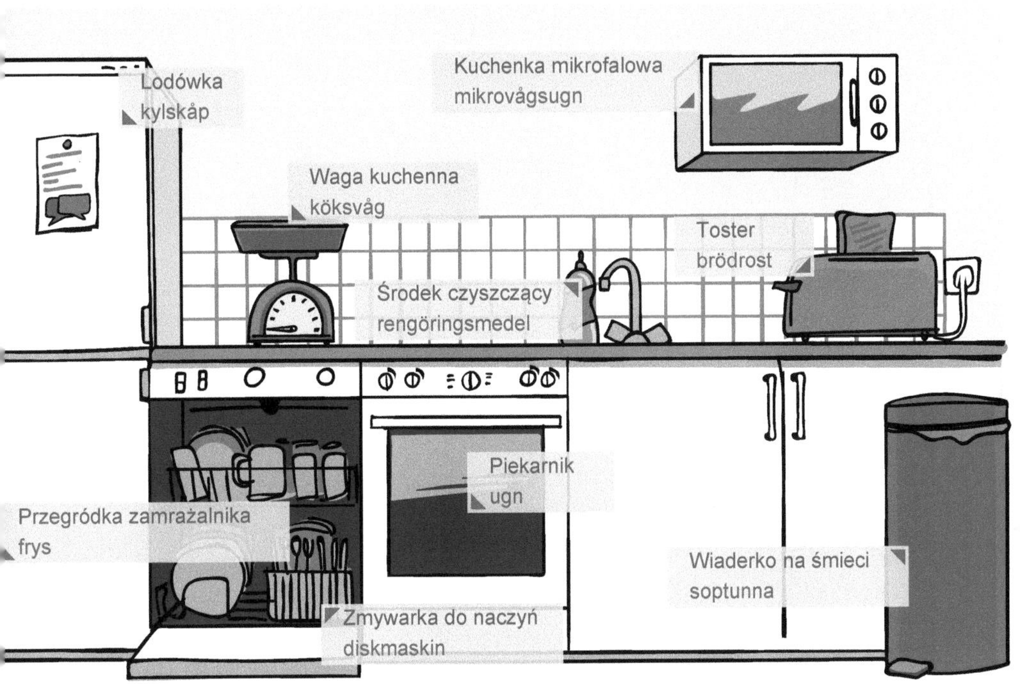
Lodówka
kylskåp
Kuchenka mikrofalowa
mikrovågsugn
Waga kuchenna
köksvåg
Toster
brödrost
Środek czyszczący
rengöringsmedel
Piekarnik
ugn
Przegródka zamrażalnika
frys
Wiaderko na śmieci
soptunna
Zmywarka do naczyń
diskmaskin

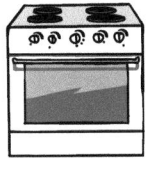

Kuchenka
....
spis

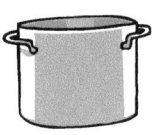

Garnek
....
kastrull

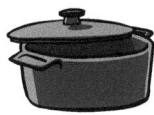

Kocioł żeliwny
....
järngryta

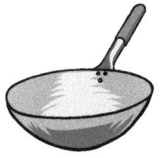

Wok / Kadai
....
wok / kadai

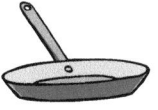

Patelnia
....
stekpanna

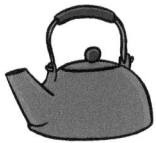

Czajnik
....
vattenkokare

Parowar
ångkokare

Blacha do pieczenia
bakplåt

Naczynia kuchenne
porslin

Kubek
mugg

Miska
skål

Pałeczki
ätpinnar

Nabierka
soppslev

Łopatka do smażenia
stekspade

Trzepaczka do śmietany
visp

Cedzak
durkslag

Sitko
sil

Tarka
rivjärn

Moździerz
mortel

Grillowanie
grill

Palenisko
brasa

Deska

skärbräda

Wałek do ciasta

kavel

Korkociąg

korkskruv

Puszka

burk

Otwieracz do puszek

burköppnare

Ściereczka do trzymania garnka

grytlapp

Umywalka

vask

Szczotka

borste

Gąbka

svamp

Mikser

mixer

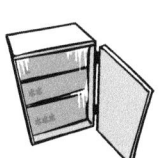

Zamrażarka

frys

Butelka dla niemowlęcia

nappflaska

Kran

kran

Łazienka

badrum

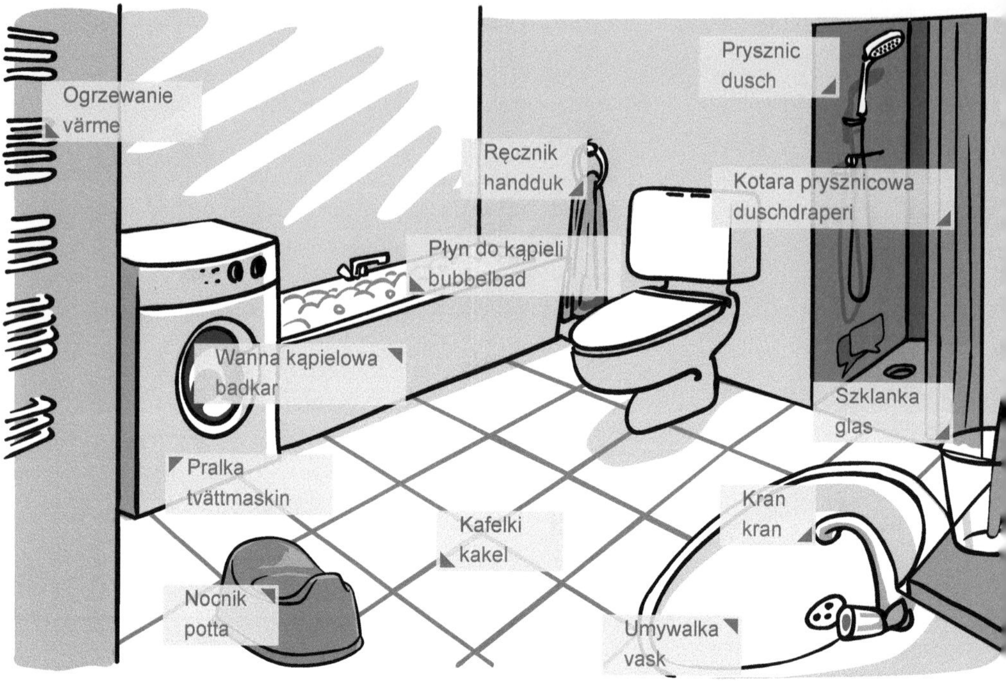

Ogrzewanie
värme

Prysznic
dusch

Ręcznik
handduk

Kotara prysznicowa
duschdraperi

Płyn do kąpieli
bubbelbad

Wanna kąpielowa
badkar

Szklanka
glas

Pralka
tvättmaskin

Kran
kran

Kafelki
kakel

Nocnik
potta

Umywalka
vask

Toaleta

toalett

Toaleta kuczna

låg toalett

Bidet

bidet

Pisuar

pissoar

Papier toaletowy

toalettpapper

Szczotka toaletowa

toalettborste

Szczoteczka do zębów

tandborste

Pasta do zębów

tandkräm

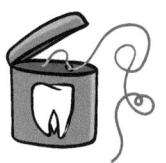

Nitki do czyszczenia zębów

tandtråd

myć

tvätta

Głowica prysznicowa

handdusch

Płyn kąpielowy do higieny intymnej

intimdusch

Miska do mycia

handfat

Szczotka kąpielowa

ryggborste

Mydło

tvål

Żel prysznicowy

duschgel

Szampon

schampo

Rękawica kąpielowa

trasa

Odpływ

avlopp

Krem

crème

Dezodorant

deodorant

Lustro
....
spegel

Lustro kosmetyczne
....
handspegel

Golarka
....
rakhyvel

Pianka do golenia
....
raklödder

Woda po goleniu
....
rakvatten

Grzebień
....
kam

Szczotka
....
borste

Suszarka do włosów
....
hårtork

Spray do włosów
....
hårspray

Makijaż
....
smink

Pomadka
....
läppstift

Lakier do paznokci
....
nagellack

Wata
....
bomullsvadd

Nożyczki do paznokci
....
nagelsax

Perfum
....
parfym

Kosmetyczka

necessär

Taboret

pall

Waga

våg

Szlafrok kąpielowy

badrock

Rękawice gumowe

gummihandskar

Tampon

tampong

Podpaska damska

binda

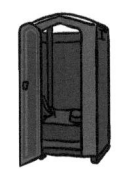

Toaleta chemiczna

kemisk toalett

Pokój dziecięcy
barnrum

Budzik
väckarklocka
Pluszowa przytulanka
gosedjur
Samochodzik
leksaksbil
Grzechotka
skallra
Domek dla lalek
dockhus
Prezent
present

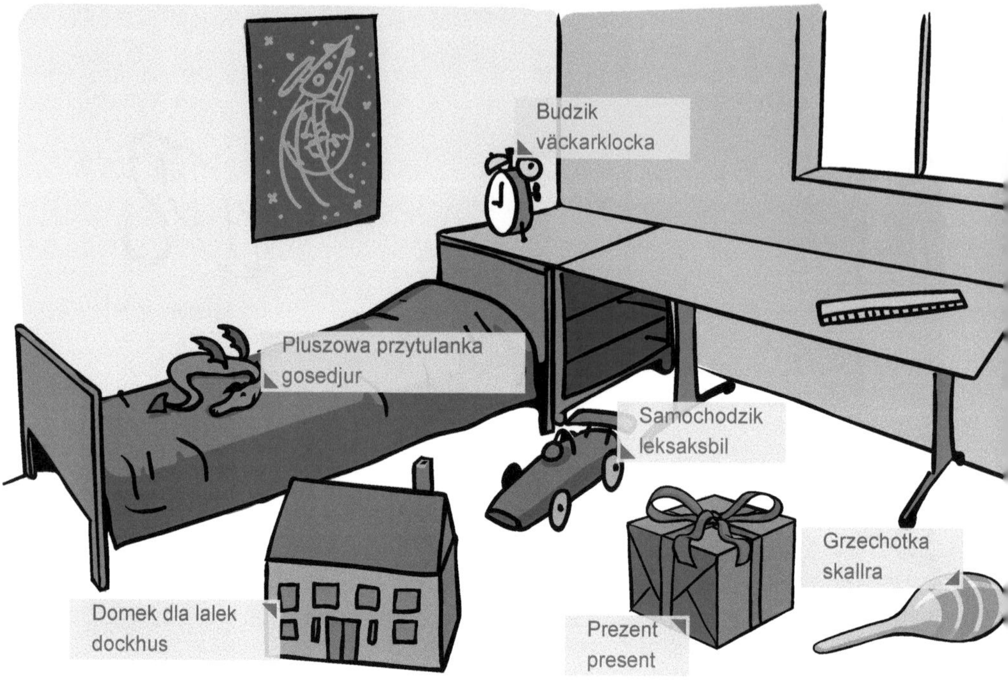

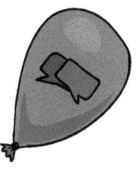

Balon
ballong

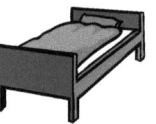

Łóżko
säng

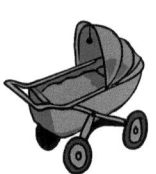

Wózek dziecięcy
barnvagn

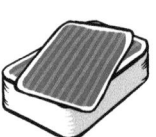

Gra w karty
kortlek

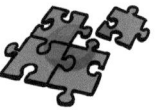

Puzzle
pussel

Komiks
serietidning

Klocki lego
....
legobitar

Klocki
....
klossar

Action figura
....
actionfigur

Śpioszek dziecięcy
....
sparkdräkt

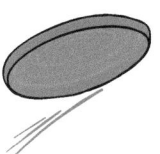

Frisbee
....
frisbee

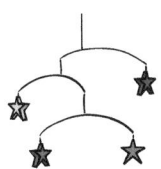

Zabawki ruchome
....
mobil

Gra planszowa
....
brädspel

Kości
....
tärning

Kolejka elektryczna
....
modelljärnväg

Smoczek
....
napp

Przyjęcie
....
party

Książka z ilustracjami
....
bilderbok

Piłka
....
boll

Lalka
....
docka

bawić się
....
spela

Piaskownica

sandlåda

Huśtawka

gunga

Zabawki

leksaker

Konsola do gier

spelkonsol

Rowerek trójkołowy

trehjuling

Pluszowy miś

nalle

Szafa ubraniowa

garderob

Ubiór
kläder

Skarpety

sockar

Pończochy

strumpor

Rajstopy

tights

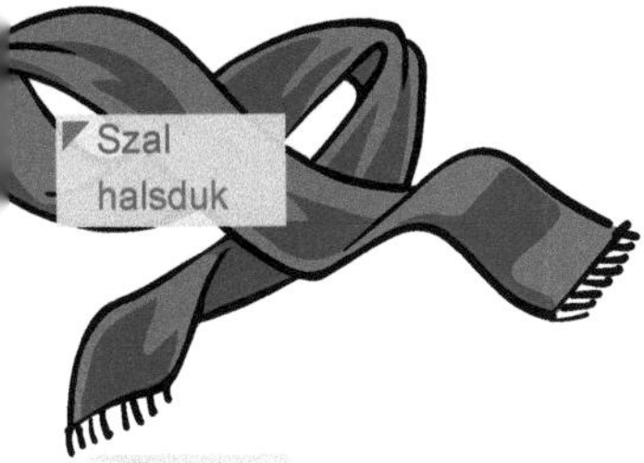

Szal
halsduk

Parasol
paraply

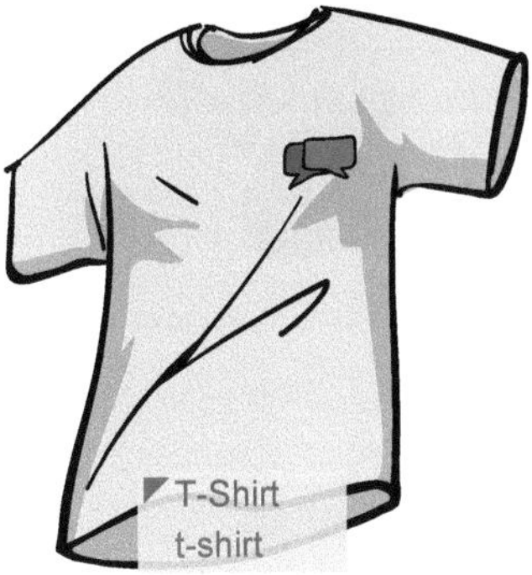

T-Shirt
t-shirt

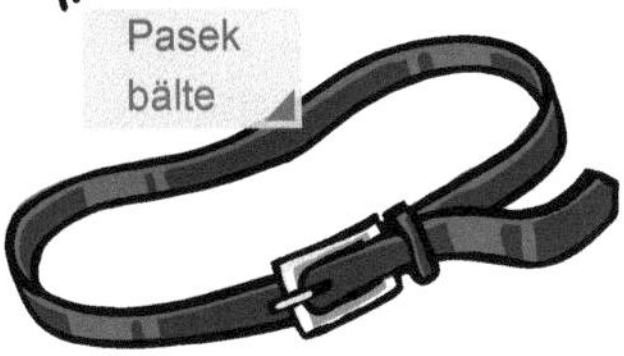

Pasek
bälte

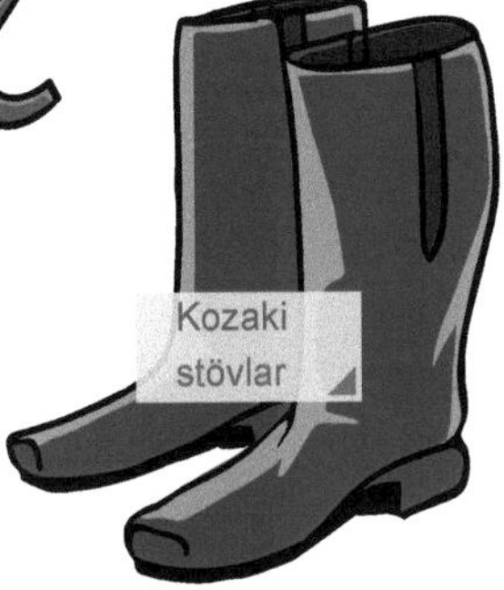

Kozaki
stövlar

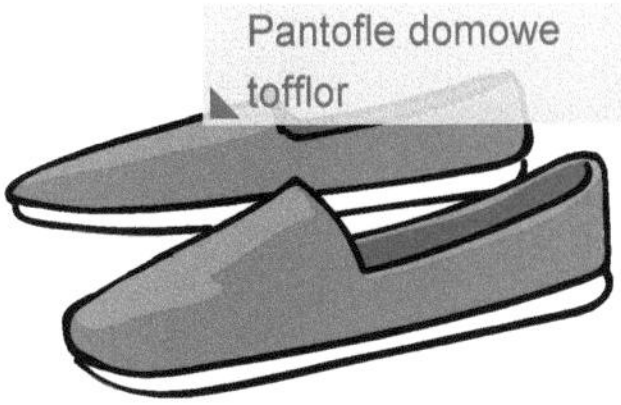

Pantofle domowe
tofflor

Obuwie sportowe
sneakers

Sandały
sandaler

Buty
skor

Kalosze
gummistövlar

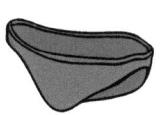

Majtki
underbyxor

Biustonosz
BH

Podkoszulek
linne

Body
body

Spodnie
byxor

Dżins
jeans

Spódnica
kjol

Bluzka
blus

Koszula
skjorta

Pulower
pullover

Bluza sportowa
sweater

Marynarka
blazer

Kurtka
jacka

Płaszcz
kappa

Płaszcz przeciwdeszczowy
regnjacka

Kostium
dräkt

Sukienka
klänning

Suknia ślubna
bröllopsklänning

Garnitur męski
kostym

Koszula nocna
nattlinne

Piżama
pyjamas

Sari
sari

Chusta na głowę
slöja

Turban
turban

Burka
burka

Kaftan
kaftan

Abaya
abaya

Strój kąpielowy
baddräkt

Kąpielówki
badbyxor

Krótkie spodnie
shorts

Dres sportowy
träningsoverall

Fartuch
förkläde

Rękawiczki
handskar

Guzik

knapp

Okulary

glasögon

Bransoletka

armband

Łańcuszek

halsband

Pierścionek

ring

Kolczyk

örhänge

Czapka

mössa

Wieszak

galge

Kapelusz

hatt

Krawat

slips

Zamek błyskawiczny

dragkedja

Kask

hjälm

Szelki

hängslen

Mundurek szkolny

skoluniform

Mundur

uniform

Śliniaczek

haklapp

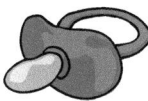

Smoczek

napp

Pieluszka

blöja

Biuro
kontor

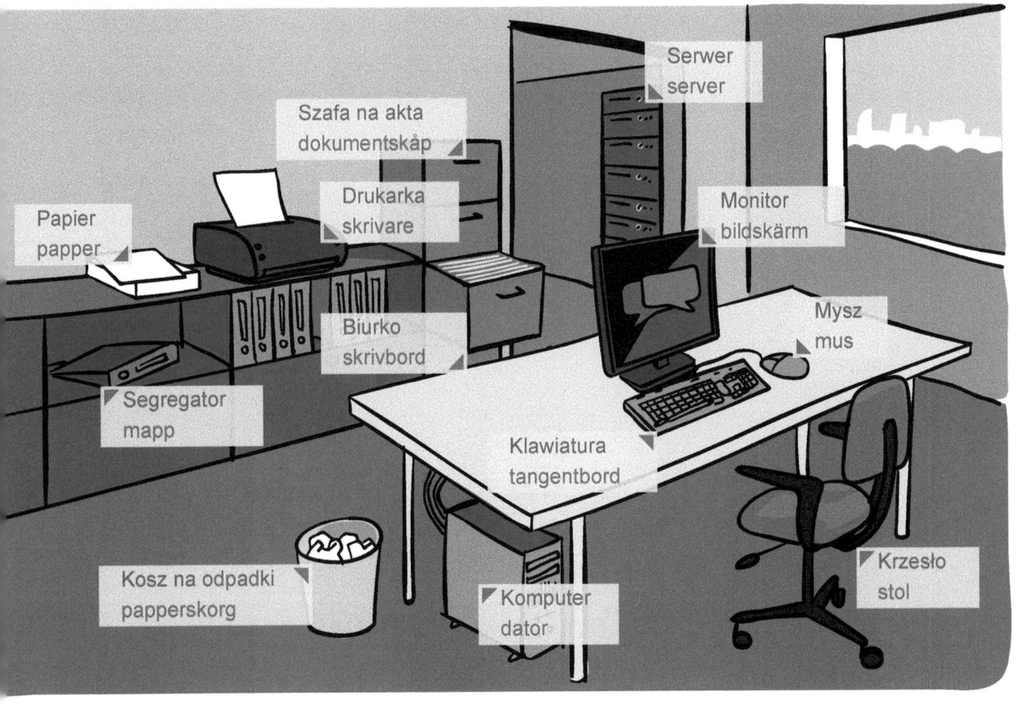

Serwer
server

Szafa na akta
dokumentskåp

Drukarka
skrivare

Monitor
bildskärm

Papier
papper

Biurko
skrivbord

Mysz
mus

Segregator
mapp

Klawiatura
tangentbord

Kosz na odpadki
papperskorg

Komputer
dator

Krzesło
stol

Filiżanka do kawy

kaffemugg

Kalkulator

miniräknare

Internet

internet

Laptop

bärbar dator

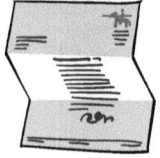

List

brev

Wiadomość

meddelande

Komórka

mobiltelefon

Sieć

nätverk

Kopiarka

kopieringsapparat

Oprogramowanie

programvara

Telefon

telefon

Gniazdko

vägguttag

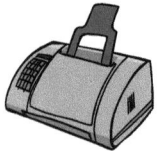

Faks

fax

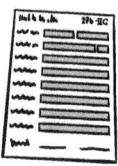

Formularz

blankett

Dokument

dokument

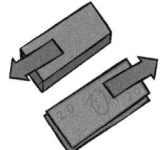

kupić
köpa

płacić
betala

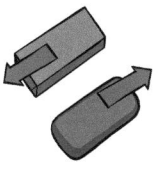

postępować
handla

Pieniądze
pengar

Dolar
dollar

Euro
euro

Jen
yen

Rubel
rubel

Frank
schweizisk franc

Juan Renminbi
renminbi yan

Rupia
rupie

Bankomat
bankomat

Kantor wymiany walut

växelkontor

Złoto

guld

Srebro

silver

Olej

olja

Energia

energi

Cena

pris

Umowa

kontrakt

Podatek

skatt

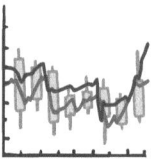

Akcja

aktie

pracować

arbeta

Pracownik umysłowy

anställd

Pracodawca

arbetsgivare

Fabryka

fabrik

Sklep

affär

Zawody
yrken

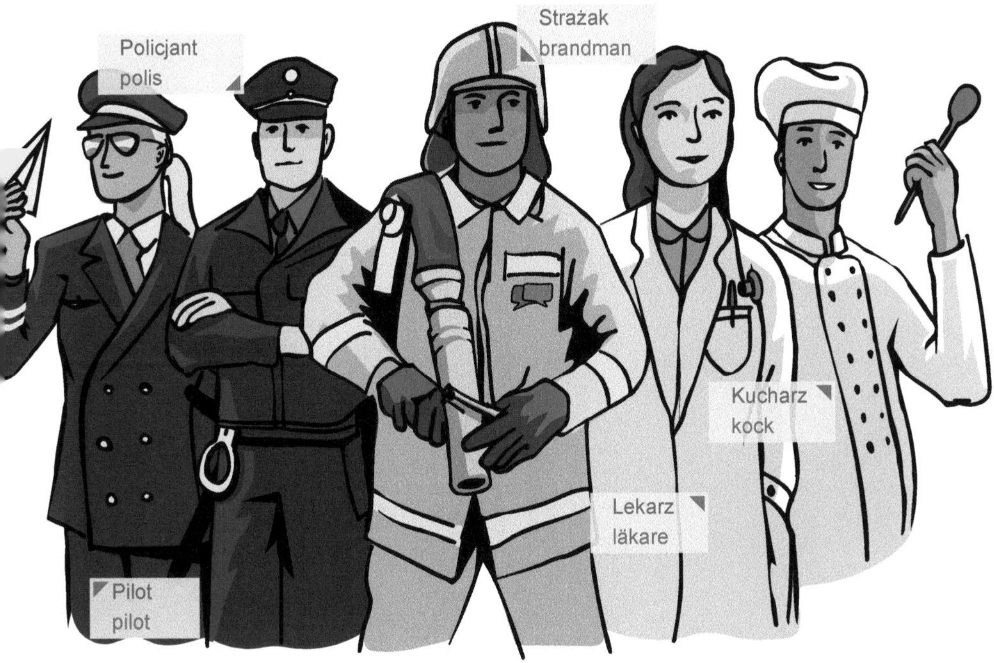

Policjant
polis
Strażak
brandman
Kucharz
kock
Lekarz
läkare
Pilot
pilot

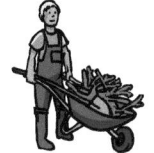

Ogrodnik
....
trädgårdsmästare

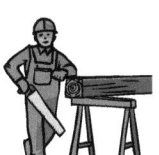

Stolarz
....
snickare

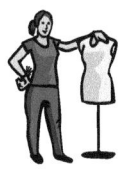

Krawcowa
....
sömmerska

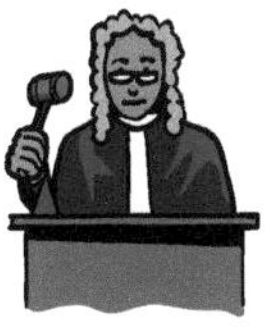

Sędzia
....
domare

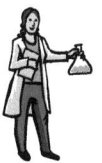

Chemik
....
kemist

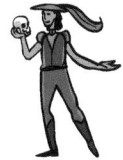

Aktor
....
skådespelare

Kierowca autobusu

busschaufför

Taksówkarz

taxichaufför

Fischer

fiskare

Sprzątaczka

städerska

Dekarz

takläggare

Kelner

servitör

Myśliwy

jägare

Malarz

målare

Piekarz

bagare

Elektryk

elektriker

Robotnik budowlany

byggarbetare

Inżynier

ingenjör

Rzeźnik

slaktare

Instalator

rörmokare

Listonosz

brevbärare

Żołnierz	Architekt	Kasjer
soldat	arkitekt	kassör

Florysta	Fryzjer	Konduktor
florist	frisör	konduktör

Mechanik	Kapitan	Dentysta
mekaniker	kapten	tandläkare

Naukowiec	Rabin	Imam
vetenskapsman	rabbin	imam

Mnich	Proboszcz	
munk	präst	

Narzędzia
verktyg

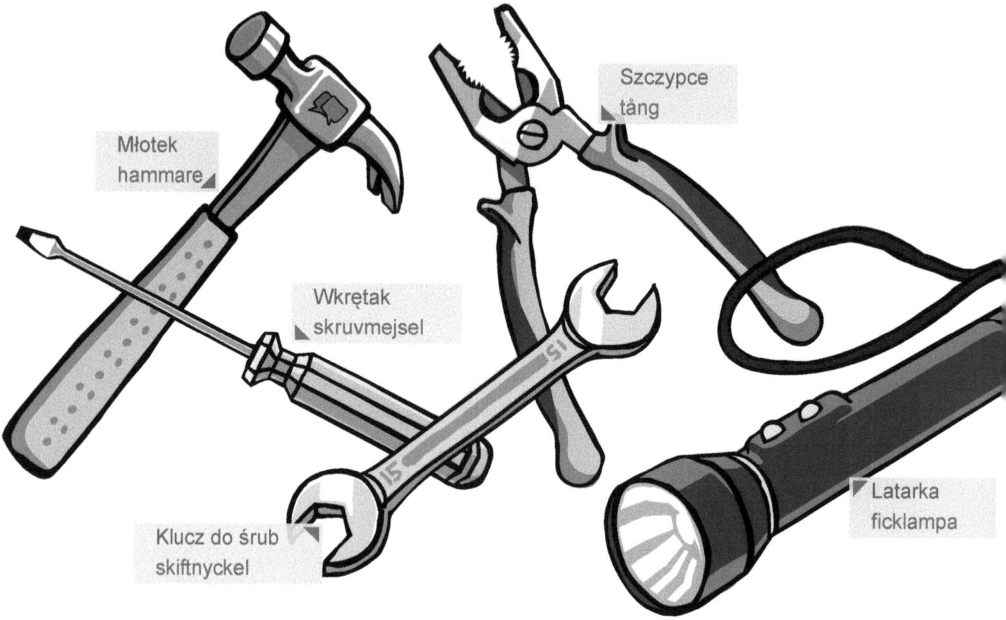
Młotek
hammare
Szczypce
tång
Wkrętak
skruvmejsel
Klucz do śrub
skiftnyckel
Latarka
ficklampa

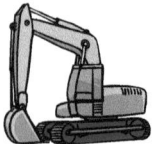

Koparka

grävmaskin

Skrzynka narzędziowa

verktygslåda

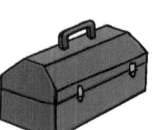

Drabina

stege

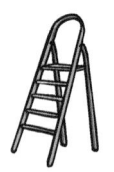

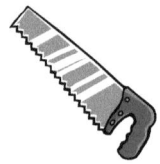

Piła

såg

Gwoździe

spik

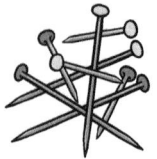

Wiertło

borr

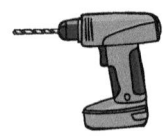

naprawić

reparera

Łopatka

spade

Cholera!

Helvete!

Szufelka

sopskyffel

Puszka z farbą

färgburk

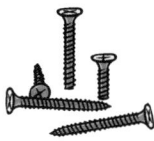

Śruby

skruvar

Instrumenty muzyczne
musikinstrument

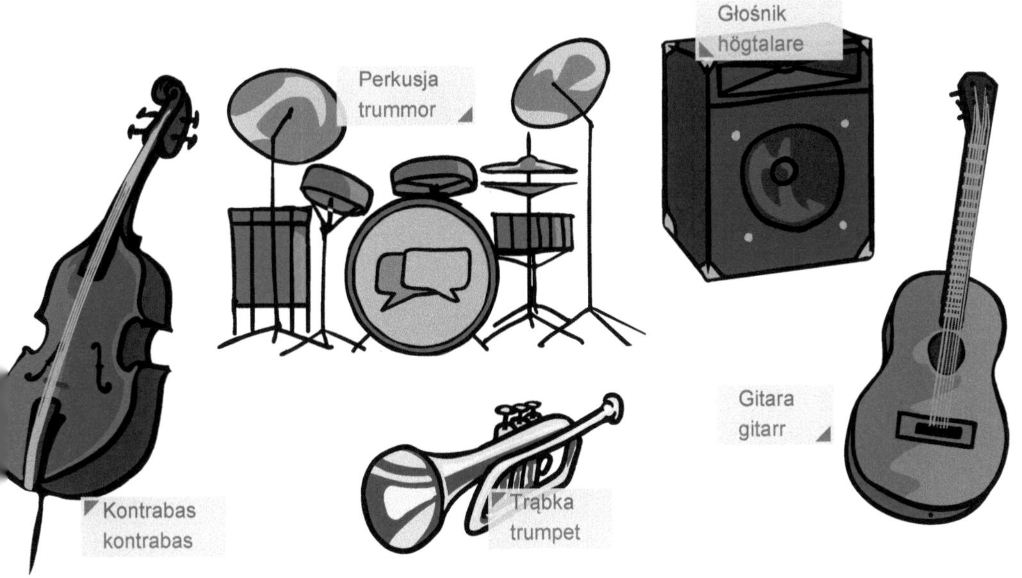

Głośnik
högtalare

Perkusja
trummor

Kontrabas
kontrabas

Trąbka
trumpet

Gitara
gitarr

Pianino

piano

Skrzypce

violin

Bas

bas

Kotły

timpani

Bęben

trumma

Keyboard

keyboard

Saksofon

saxofon

Flet

flöjt

Mikrofon

mikrofon

Wejście
ingång

Tygrys
tiger

Klatka
bur

Zebra
zebra

Pasza
djurfoder

Panda
panda

Zwierzęta
djur

Słoń
elefant

Kangur
känguru

Nosorożec
noshörning

Goryl
gorilla

Niedźwiedź
björn

Wielbłąd

kamel

Struś

struts

Lew

lejon

Małpa

apa

Fleming

flamingo

Papuga

papegoja

Niedźwiedź polarny

isbjörn

Pingwin

pingvin

Rekin

haj

Paw

påfågel

Wąż

orm

Krokodyl

krokodil

Dozorca w zoo

djurskötare

Foka

säl

Jaguar

jaguar

Kucyk

ponny

Gepard

leopard

Hipopotam

flodhäst

Żyrafa

giraff

Orzeł

örn

Dzik

vildsvin

Ryba

fisk

Żółw

sköldpadda

Mors

valross

Lis

räv

Gazela

gazell

Zoo - zoo

Futbol amerykański
amerikansk fotboll

Kolarstwo
cykling

Tenis
tennis

Koszykówka
basket

Pływanie
simning

Boks
boxning

Hokej na lodzie
ishockey

Piłka nożna
fotboll

Badminton
badminton

Lekka atletyka
friidrott

Piłka ręczna
handboll

Narciarstwo
skidåkning

Polo
polo

Działania
aktiviteter

śmiać się
skratta
skakać
hoppa
objąć
krama
iść
gå
śpiewać
sjunga
marzyć
drömma
modlić się
be
całować
kyssa

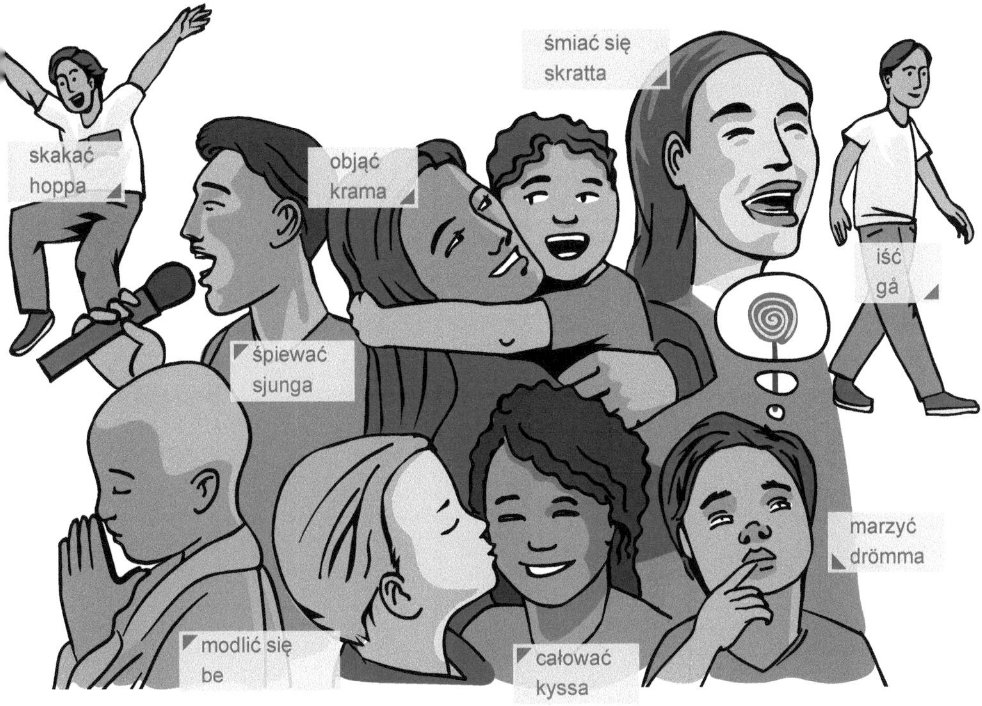

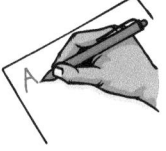

pisać
skriva

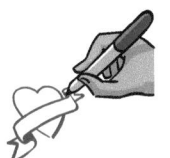

rysować
rita

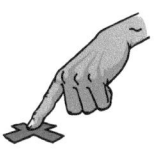

pokazywać
visa

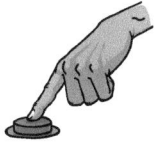

nacisnąć
skjuta

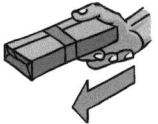

dać
ge

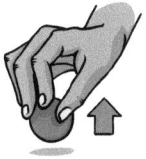

wziąć
ta

mieć
hagel

robić
göra

być
vara

stać
stå

biegać
springa

ciągnąć
dra

rzucać
kasta

spaść
falla

leżeć
ligga

czekać
vänta

nosić
bära

siedzieć
sitta

zakładać
klä på

spać
sova

budzić się
vakna

spojrzeć

se på

płakać

gråta

głaskać

smeka

czesać się

kamma

mówić

prata

rozumieć

förstå

pytać

fråga

słyszeć

höra

pić

dricka

jeść

äta

sprzątać

städa

kochać

älska

gotować

laga mat

jechać

köra

latać

flyga

żeglować

segla

liczyć

räkna

czytać

läsa

uczyć się

lära sig

pracować

arbeta

wejść w związek małżeński

gifta sig

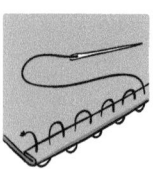

szyć

sy

myć zęby

borsta tänderna

zabić

döda

palić tytoń

röka

wysłać

skicka

Rodzina
familj

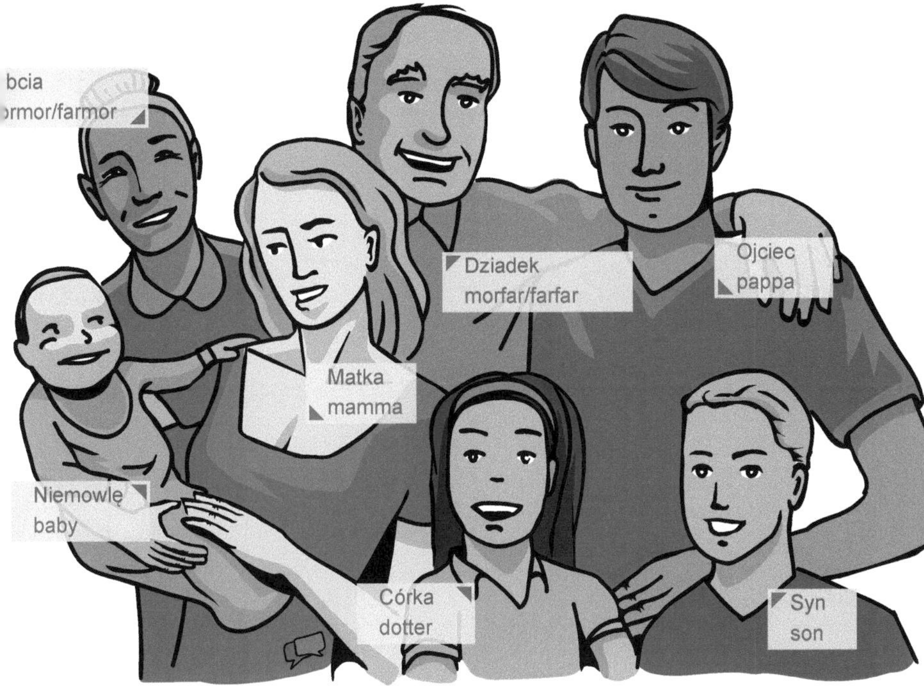

bcia
rmor/farmor
Dziadek
morfar/farfar
Ojciec
pappa
Matka
mamma
Niemowlę
baby
Córka
dotter
Syn
son

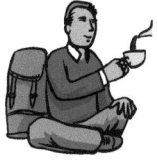

Gość

gäst

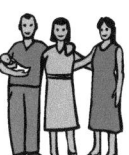

Ciotka

moster/faster

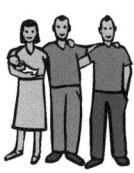

Wujek

farbror/morbror

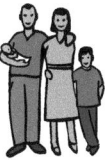

Brat

bror

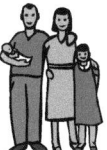

Siostra

syster

Ciało

kropp

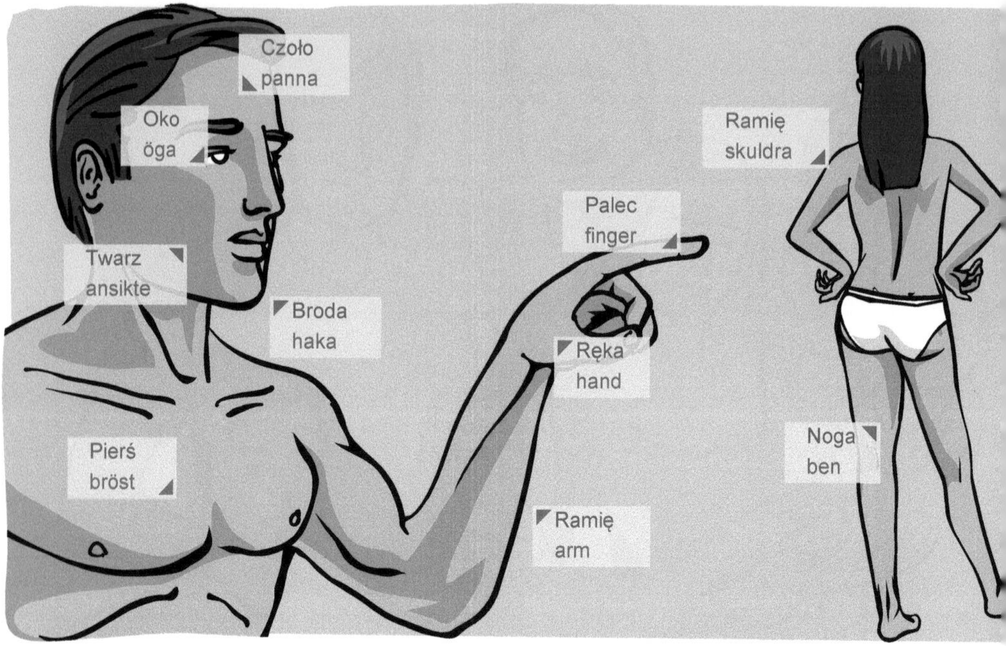

Czoło
panna

Oko
öga

Ramię
skuldra

Palec
finger

Twarz
ansikte

Broda
haka

Ręka
hand

Pierś
bröst

Noga
ben

Ramię
arm

Niemowlę
baby

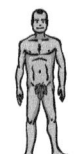

Mężczyzna
man

Kobieta
kvinna

Dziewczyna
flicka

Chłopiec
pojke

Głowa
huvud

Plecy
rygg

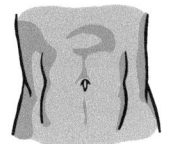

Brzuch
mage

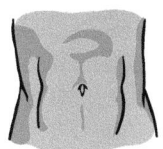

Pępek
navel

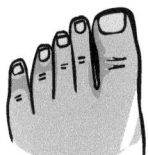

palec nogi
tå

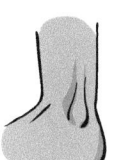

Pięta
häl

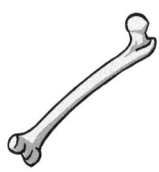

Kość
ben

Biodro
höft

Kolano
knä

Łokieć
armbåge

Nos
näsa

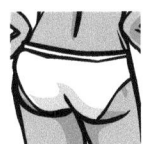

Pośladki
stjärt

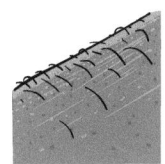

Skóra
hud

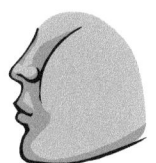

Policzek
kind

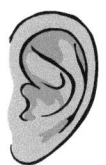

Uszy
öra

Warga
läpp

Usta

mun

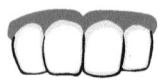

Ząb

tand

Język

tunga

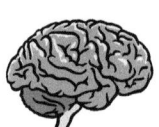

Mózg

hjärna

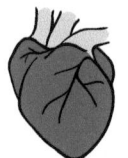

Serce

hjärta

Mięsień

muskel

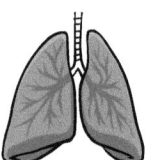

Płuca

lunga

Wątroba

lever

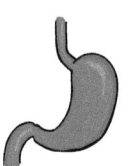

Żołądek

magsäck

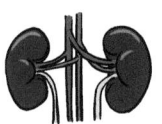

Nerki

njurar

Stosunek płciowy

sex

Kondom

kondom

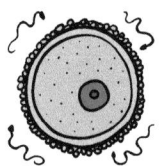

Komórka jajowa

äggcell

Sperma

sperma

Ciąża

graviditet

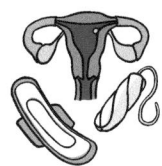

Menstruacja

menstruation

Wagina

vagina

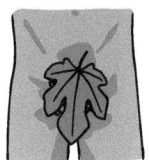

Penis

penis

Brew

ögonbryn

Włosy

hår

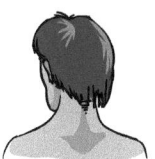

Szyja

nacke

Szpital
sjukhus

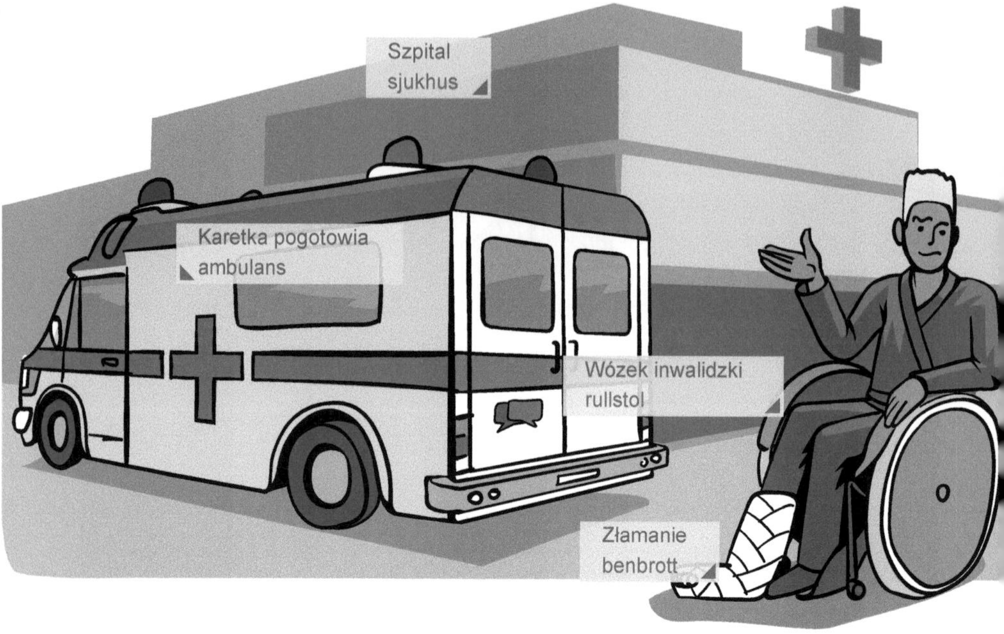

Szpital
sjukhus
Karetka pogotowia
ambulans
Wózek inwalidzki
rullstol
Złamanie
benbrott

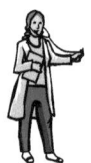

Lekarz

läkare

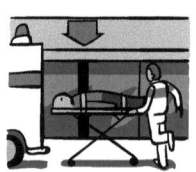

Izba przyjęć

akutmottagning

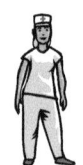

Pielęgniarka

sjuksköterska

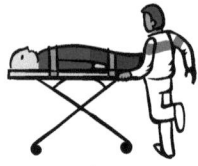

Nagły przypadek

nödsituation

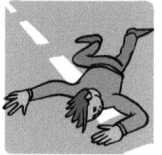

nieprzytomny

medvetslös

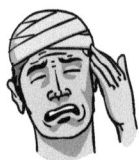

Ból

smärta

Skaleczenie

skada

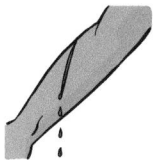

Krwawienie

blödning

Zawał serca

hjärtattack

Udar mózgu

slaganfall

Alergia

allergi

Kaszleć

hosta

Gorączka

feber

Grypa

influensa

Biegunka

diarré

Ból głowy

huvudvärk

Rak

cancer

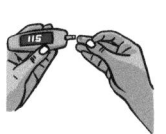

Cukrzyca

diabetes

Chirurg

kirurg

Skalpel

skalpell

Operacja

operation

CT
CT

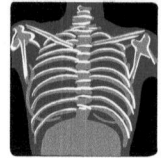

Rentgen
röntgen

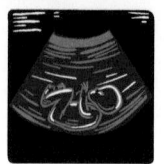

Ultradźwięki
ultraljud

Maska
ansiktsmask

Choroba
sjukdom

Poczekalnia
väntsal

Kula
krycka

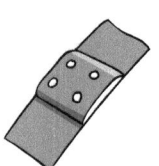

Plaster
plåster

Opatrunek
bandage

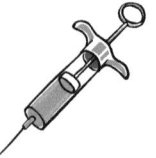

Iniekcja
injektion

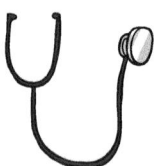

Stetoskop
stetoskop

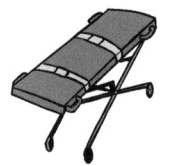

Nosze
bår

Termometr
termometer

Poród
födsel

Nadwaga
övervikt

Aparat słuchowy

hörapparat

Środek dezynfekcyjny

desinfektionsmedel

Infekcja

infektion

Wirus

virus

HIV / AIDS

HIV / AIDS

Medycyna

medicin

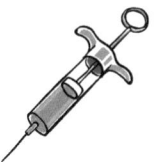

Szczepienie

vaccination

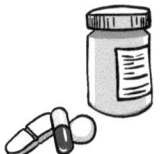

Tabletki

tabletter

Pigułka

p-piller

Telefon ratunkowy

nödsamtal

Ciśnieniomierz krwi

blodtrycksmätare

chory / zdrowy

sjuk / frisk

Pomocy!

Hjälp!

Alarm

alarm

Napad

överfall

Atak

misshandel

Niebezpieczeństwo

fara

Wyjście awaryjne

nödutgång

Pożar!

Det brinner!

Gaśnica

brandsläckare

Wypadek

olycka

Walizeczka pierwszej pomocy

förbandslåda

SOS

SOS

Policja

polis

Europa

Europa

Ameryka Północna

Nordamerika

Ameryka Południowa

Sydamerika

Afryka

Afrika

Azja

Asien

Australia

Australien

Atlantyk

Atlanten

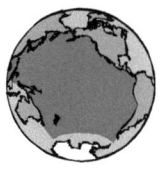

Pacyfik

Stilla Havet

Ocean Indyjski

Indiska Oceanen

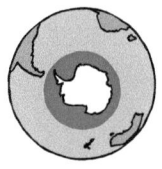

Ocean Antarktyczny

Antarktiska Oceanen

Ocean Arktyczny

Arktiska Oceanen

Biegun północny

Nordpol

Biegun południowy

Sydpol

Antarktyda

Antarktis

Ziemia

Jorden

Kraj

land

Morze

hav

Wyspa

ö

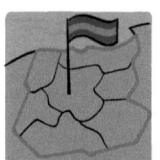

Naród

nation

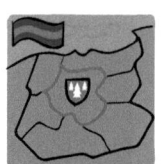

Państwo

stat

Cyferblat
....
urtavla

Wskazówka godzinowa
....
timvisare

Wskazówka minutowa
....
minutvisare

Wskazówka sekundowa
....
sekundvisare

Która godzina?
....
Vad är klockan?

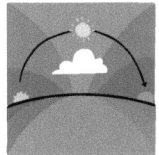

Dzień
....
dag

Czas
....
tid

teraz
....
nu

Zegarek digitalny
....
digital klocka

Minuta
....
minut

Godzina
....
timme

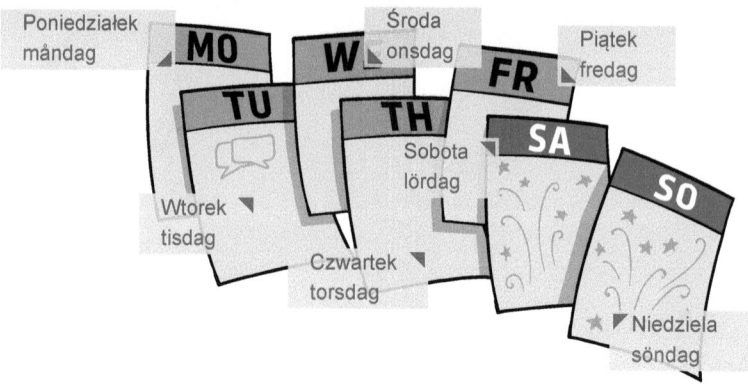

Poniedziałek
måndag

Środa
onsdag

Piątek
fredag

MO TU W TH FR SA SO

Wtorek
tisdag

Sobota
lördag

Czwartek
torsdag

Niedziela
söndag

wczoraj

igår

dzisiaj

idag

jutro

imorgon

Rano

morgon

Południe

middag

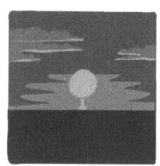

Wieczór

kväll

MO	TU	WE	TH	FR	SA	SU
1	2	3	4	5	6	7
8	9	10	11	12	13	14
15	16	17	18	19	20	21
22	23	24	25	26	27	28
29	30	31	1	2	3	4

Dni robocze

vardagar

MO	TU	WE	TH	FR	SA	SU
1	2	3	4	5	6	7
8	9	10	11	12	13	14
15	16	17	18	19	20	21
22	23	24	25	26	27	28
29	30	31	1	2	3	4

Weekend

helg

Rok
år

Tęcza
regnbåge
Deszcz
regn
Śnieg
snö
Wiatr
vind
Wiosna
vår
Jesień
höst
Lato
sommar
Zima
vinter

4.APRIL 11°
5.APRIL 4°
6.APRIL 13°
7.APRIL 8°
8.APRIL 10°

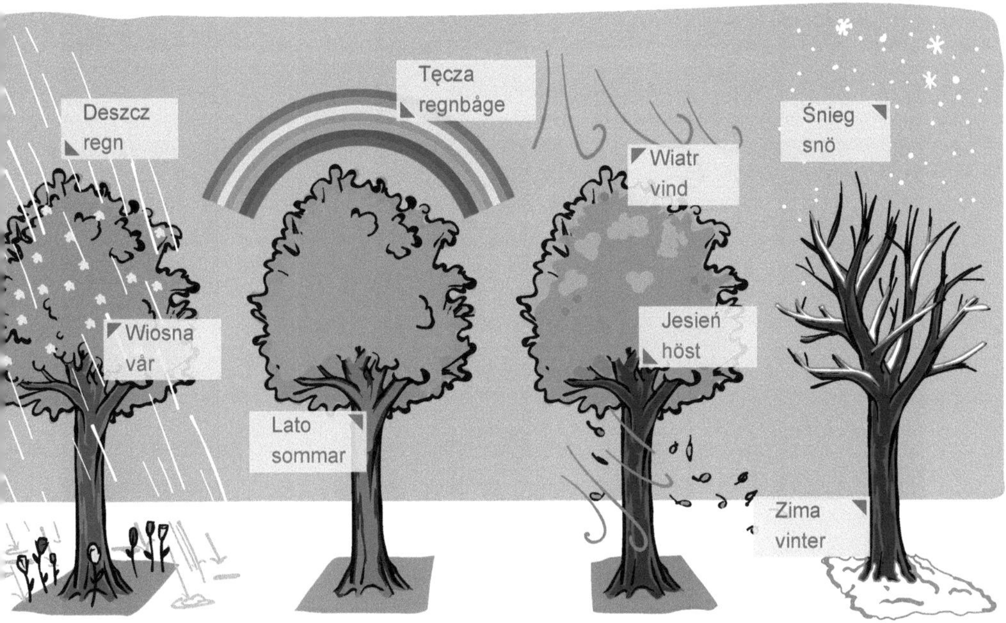

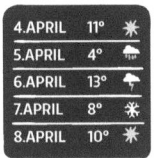

Prognoza pogody

väderprognos

F
C
120
90
60
30
0
-30
40
30
20
10
0
-10
-20

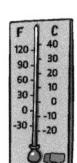

Termometr

termometer

Światło słoneczne

solsken

Chmura

moln

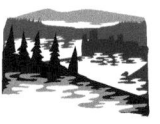

Mgła

dimma

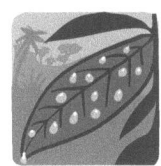

Wilgotność powietrza

luftfuktighet

Błyskawica

blixt

Grzmot

åska

Sztorm

storm

Grad

hagel

Monsun

monsun

Potop

översvämning

Lód

is

Styczeń

januari

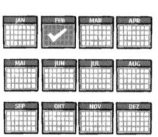

Luty

februari

Marzec

mars

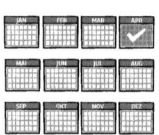

Kwiecień

april

Maj

maj

Czerwiec

juni

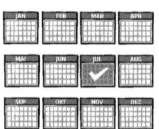

Lipiec

juli

Sierpień

augusti

Wrzesień
....
september

Październik
....
oktober

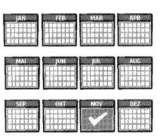

Listopad
....
november

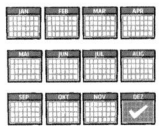

Grudzień
....
december

Koło
....
cirkel

Kwadrat
....
kvadrat

Prostokąt
....
rektangel

Trójkąt
....
triangel

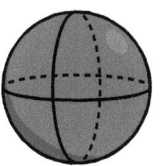

Kula
....
sfär

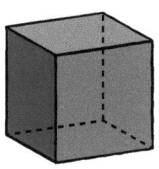

Sześcian
....
kub

Kolory
färger

biały

vit

żółty

gul

pomarańczowy

orange

różowy

rosa

czerwony

röd

liliowy

lila

niebieski

blå

zielony

grön

brązowy

brun

szary

grå

czarny

svart

Przeciwieństwa
motsatser

dużo / mało

mycket / lite

wściekły / spokojny

arg / lugn

piękny / brzydki

vacker / ful

początek / koniec

början / slut

duży / mały

stor / liten

jasny / ciemny

ljus / mörk

brat / siostra

bror / syster

czysty / brudny

ren / smutsig

kompletny / niekompletny

komplett / ofullständig

dzień / noc

dag / natt

umarły / żywy

död / levande

szeroki / wąski

bred / smal

jadalny / niejadalny

ätlig / oätlig

zły / uprzejmy

ond / god

podniecony / znudzony

upphetsad / uttråkad

gruby / chudy

tjock / smal

najpierw / na końcu

först / sist

przyjaciel / wróg

vän / fiende

pełen / pusty

full / tom

twardy / miękki

hård / mjuk

ciężki / lekki

tung / lätt

głód / pragnienie

hunger / törst

chory / zdrowy

sjuk / frisk

nielegalny / legalny

olaglig / laglig

inteligentny / głupi

intelligent / dum

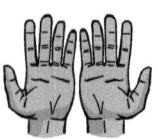

lewo / prawo

vänster / höger

bliski / daleki

nära / långt bort

nowy / używany
ny / begagnad

nic / coś
inget / något

stary / młody
gammal / ung

włącz / wyłącz
på / av

otwarty / zamknięty
öppen / stängd

cichy / głośny
tyst / högljudd

bogaty / biedny
rik / fattig

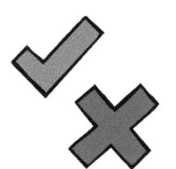

prawidłowy / błędny
rätt / fel

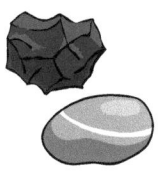

chropowaty / gładki
grov / slät

smutny / szczęśliwy
ledsen / glad

krótki / długi
kort / lång

powolny / szybki
långsam / snabb

mokry/suchy
våt / torr

ciepły / chłodny
varm / sval

wojna / pokój
krig / fred

0	**1**	**2**
zero	jeden	dwa
noll	ett	två

3	**4**	**5**
trzy	cztery	pięć
tre	fyra	fem

6	**7**	**8**
sześć	siedem	osiem
sex	sju	åtta

9	**10**	**11**
dziewięć	dziesięć	jedenaście
nio	tio	elva

12	**13**	**14**
dwanaście	trzynaście	czternaście
tolv	tretton	fjorton

15	**16**	**17**
piętnaście	szesnaście	siedemnaście
femton	sexton	sjutton

18	**19**	**20**
osiemnaście	dziewiętnaście	dwadzieścia
arton	nitton	tjugo

100	**1.000**	**1.000.000**
sto	tysiąc	milion
hundra	tusen	miljon

Angielski	Angielski amerykański	Chiński mandaryński
engelska	amerikansk engelska	kinesisk mandarin

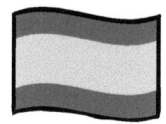

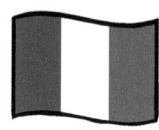

Hindi	Hiszpański	Francuski
hindi	spanska	franska

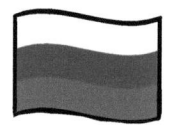

Arabski	Rosyjski	Portugalski
arabiska	ryska	portugisiska

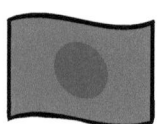

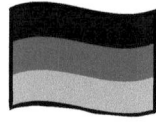

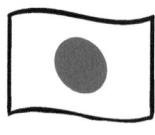

Bengalski	Niemiecki	Japoński
bengali	tyska	japanska

ja
jag

ty
du

on / ona / ono
han / hon / den (det)

my
vi

wy
ni

oni
de

kto?
vem?

co?
vad?

jak?
hur?

gdzie?
var?

kiedy?
när?

Nazwisko
namn

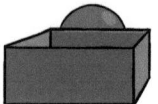

za
....
bakom

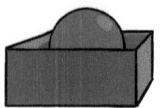

w
....
i

przed
....
framför

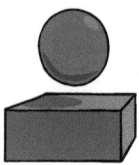

powyżej
....
över

na
....
på

pod
....
under

obok
....
bredvid

między
....
mellan

Miejsce
....
plats